La ropa en el mundo

por Elizabeth Moore

Consultora:
Adria F. Klein, Ph.D.
California State University, San Bernardino

capstone
classroom
Heinemann Raintree • Red Brick Learning
division of Capstone

Las personas usan ropa de diferentes clases.

La ropa protege del frío y del calor.

Las personas eligen ropa que les quede bien.

Las personas eligen la ropa más adecuada para el clima.

En algunos lugares, hace mucho calor casi todo el tiempo.

La ropa que las personas usan en los lugares calurosos las protege del sol.

La ropa de colores claros ayuda a las personas a mantenerse frescas.

La ropa ancha o suelta también ayuda a las personas a mantenerse frescas.

En algunos lugares, hace mucho frío.

La ropa puede proteger a las personas del frío.

La ropa gruesa ayuda a las personas a mantenerse abrigadas.

Varias capas de ropa ayudan a las personas a mantenerse abrigadas.

Las personas eligen ropa para el clima cálido.

Las personas eligen ropa para el clima frío.

¿Qué clase de ropa te pusiste hoy?